ÉTUDE

SUR

PHIDIAS ET L'ART GREC

Par Albert MEYNIER,

Membre de l'Académie du Gard.

(Extrait des *Mémoires de l'Académie du Gard.*)

NIMES

DE L'IMPRIMERIE CLAVEL-BALLIVET ET Cᵉ

RUE PRADIER, 12

1866

ÉTUDE

SUR

PHIDIAS & L'ART GREC

I

Précédées par quelques autres galeries qui en sont comme la préparation et le prélude, il y a au Musée britannique trois salles, où l'on ne saurait entrer sans émotion, pour peu que l'on porte en soi l'instinct du beau. C'est d'abord l'*Hellenic Room*. Là sont les moulages des deux frontons du temple d'Egine, élevé à Jupiter cinq siècles au moins avant Jésus-Christ. Ils représentent les Grecs disputant aux Troyens le corps de Patrocle. Là aussi sont rangés les marbres découverts, en 1812, dans les ruines du temple d'Apollon Epicure, près de Phigalie, en Arcadie. Ictinus avait élevé ce monument, et la frise qui décorait sa cella était due au ciseau d'Alcamène, élève de Phidias. Mais qu'est-ce que tout cela auprès des merveilles que renferment les deux *Elgin-Rooms*? Là sont les débris du Parthénon, métopes, frises et frontons, enlevés pour la plupart au monument à demi détruit, par lord

Elgin, ambassadeur d'Angleterre à Constantinople, de 1801 à 1803, et vendus par lui au British Museum en 1816, au prix de 35,000 liv. st.

Si ces fragments, exposés dans une salle aux murs nus et sans ornement, nous impressionnent vivement, que devaient-ils inspirer à ceux qui purent les contempler couvrant les murailles admirablement décorées et peintes d'un somptueux édifice, au milieu du plus enchanteur des paysages, parmi toutes les séductions d'une magnifique nature, et d'un ciel resplendissant de lumière? « Dans sa grandeur rudimentaire et primitive, dit M. Charles Blanc dans sa *Grammaire des arts du dessin*, l'art ne contemple que la nature inorganique ». C'est alors que, par une architecture colossale, obélisques ou pyramides, « jeux monstrueux, comme parle M. Laugel, de la géométrie en enfance », il cherche à copier les grands spectacles de la nature et à s'assimiler lui-même à l'intelligence qui les a créés. Peu à peu, il descend au dedans de son propre être, se contemple, et, pour interpréter ses pensées, s'imite lui-même. Alors apparaît la sculpture, simple hiéroglyphe d'abord; puis viennent les statues bizarres et terribles des grottes de l'Inde, les colosses de Koyound-jik ou de Khorsabad, les images raides et gigantesques de l'Egypte, immobiles comme ses institutions. Pourtant, comme la vie antique, qui se passe toute au dehors, est éminemment favorable à la sculpture, celle-ci, se développant par degrés, ne tarde pas à devenir l'imitation des formes vivantes. Ces statues colossales et symboliques, si chères aux nations jeunes, dont l'esprit est vivement frappé par une telle immensité, cèdent la place à une manifestation de la vie plus abondante et plus vraie. C'est à ce moment que paraît l'art grec, avec ses deux tendances principales, l'Ionienne et la Dorienne, rivales en sculpture comme en tout le reste : la première, plus précoce, aidée par une richesse plus grande, une civilisation plus avancée, plus mobile, plus féconde, plus éprise du beau ; la seconde douée de moins d'initiative, mais de plus solides qualités. Egine et Athènes caractérisent ces deux tendances; et leur lutte, dont l'origine s'entoure de fables, ne se termina que par la ruine d'Egine et l'abaissement de son école. Onatas, qui avait vécu peu après les guerres médiques, en avait été le plus grand nom. « Il est, dit M. Beulé dans son *Histoire de la sculpture avant Phidias*, le dernier représentant d'une école qui n'a compté que peu d'années, parce que l'art est tombé avec le peuple, et qui finit au moment où l'école attique s'épanouit radieuse, au moment où Phidias commence le Parthénon ».

Le style de cette école nous est cependant connu depuis le jour où, en 1811, furent découverts ces précieux fragments des frontons du temple d'Egine, aujourd'hui l'ornement de la glyptothèque de Munich. Ce qui frappe avant toute chose dans ces quinze statues, c'est l'identité presque absolue des figures. Les attitudes et les costumes servent seuls à les distinguer et à varier un même type, dont l'unité les domine toutes. La tête est sans expression, les épaules larges, le ventre plat et la poitrine bombée ; les hanches fines et les cuisses fortes, les genoux osseux ; les mains et les pieds un peu naïfs, comme dans toutes les écoles primitives. Si l'ensemble est satisfaisant, il est juste de dire cependant que ce modèle humain est rendu par son côté le moins idéal, le plus trivial. L'anatomie est parfaite ; le modèle saisi au vif est plus ressemblant à la nature que le Thésée de Phidias ; et pourtant leur réalisme vigoureux, leur science parfaite du nu et du mouvement charment moins que les figures idéales, un peu molles peut-être, du Parthénon. C'est que, pour les Eginètes, l'étude des muscles et des contours l'emporte sur tout le reste, tandis qu'Athènes cherche la vie dans la forme, dans l'enveloppe extérieure du corps humain.

On voit, par ce qui précède, que les frontons d'Egine, plus anciens d'un demi-siècle, nous aident à comprendre ceux du Parthénon, et que, devant nos yeux, l'art va s'épurant, se dégageant chaque jour un peu plus de la matière, dût-il même, dans cette évolution vers l'idéal, laisser quelque chose de sa force et de sa vigueur.

Tout homme porte en lui une idée de la beauté ; les belles choses qu'il rencontre ont pour lui quelque chose de déjà vu ; et il poursuit sans cesse l'idéal, exemplaire primitif du livre qu'il feuillète dans cette vie. Cet idéal existe-t-il véritablement, absolument ? Beaucoup le contestent ; mais ce qui est hors de doute, c'est que l'artiste court après lui et cherche à l'atteindre avec une telle ardeur que bientôt, idéalisant ses modèles, il veut en faire des types permanents et généraux. Or, l'homme est trop complexe pour qu'il soit possible d'en agir ainsi avec lui. Le génie de l'artiste consiste donc à ne point se perdre dans la généralité des formes et à concevoir une figure qui porte en elle, d'une manière évidente, les grands caractères de l'humanité. « C'est ainsi que Phidias, écrit M. C. Blanc, ramenant à une merveilleuse unité tous les traits qui caractérisent le calme de la force souveraine, une sérénité auguste et la beauté dans la toute-puissance vénérable et formidable, créa le type du maître des dieux, le Jupiter olympien, cette statue qu'il vit surgir dans sa pensée en lisant un vers d'Homère, et qui était belle si divinement que les Athéniens regardaient comme un malheur de mourir sans l'avoir vue ».

Pour qu'une œuvre soit parfaite, il faut donc qu'elle soit caractérisée et belle; la beauté des formes, la sobriété du geste, la modération du mouvement, telles seront les premières lois de la sculpture. « Le geste de l'orateur, disait Cicéron, ne doit pas dépasser sa tête »; et Michel-Ange ajoutait, dans le même sens : « Il faut qu'une statue se compose de telle sorte qu'elle puisse rouler du haut d'une montagne sans qu'aucun de ses membres vienne à se rompre ».

Examinez ses statues, ne sont-elles pas des exemples de ce précepte? et n'a-t-il pas largement montré qu'il avait aussi ce sentiment de la mesure possédé au plus haut degré par l'antiquité ?

Il suit de là que le propre de la sculpture est de représenter des situations, pendant que le peintre exprimera des actions. La vérité, la beauté des formes, tels sont ses moyens de plaire, tels sont les deux points qu'elle doit chercher à concilier, évitant les actions violentes, poursuivant, avant tout le reste, la simplicité : simplicité de formes comme d'expression et de sujet, simplicité qui parfois doit lui faire omettre certains détails naturels.

On voit clairement, par ce qui précède, que la peinture doit se garder d'imiter la sculpture, de lui emprunter ses modèles : « L'influence de la sculpture sur la peinture, dit M. Guizot dans ses *Etudes sur les beaux-arts*, pour n'avoir point de résultats fâcheux, doit se borner à former le dessin des artistes et à leur donner ce goût du beau, ce sentiment de l'idéal, source féconde de chefs-d'œuvre ». Au surplus, les peintres se doivent répéter ce que disait Antoine Coypel : « Faisons, s'il se peut, que les figures de nos tableaux soient plutôt les modèles *vivants* des statues antiques, que ces statues les originaux des figures que nous peignons ».

Ces principes suprêmes de l'art ne trouvèrent jamais un moment plus favorable à leur apparition que le siècle de Périclès. A ce moment, l'esprit humain se dégage des liens de l'art symbolique, le champ de l'imitation libre et féconde s'ouvre devant lui. Alors naissent les chefs-d'œuvre en qui la grandeur de la forme le dispute à la vérité de l'expression. C'est un instant de réveil et de renaissance, où les arts plastiques peuvent sans contrainte rechercher le beau par tous les moyens, mais c'est aussi de ce moment suprême que l'intelligence se perd le plus vite. Déjà certains architectes romains déclarent que l'ordre dorique est impropre à la construction des temples, ils oublient Ictinus et le Parthénon ! Or, l'arrêt porté par eux pesa sur l'art grec jusqu'au jour où des hommes habiles, savants, ingénieux, tels que Barthélemy ou Winkelmann, le tirèrent enfin de cet oubli. Mais, faute d'en connaître les fondements d'une manière suffisante, ils se virent contraints de l'inventer d'après des données incomplètes, et nous conduisirent à l'art grec de David et de son école. Ils oubliaient cette loi essentielle d'un art si longtemps négligé, cette loi qui bientôt se révéla d'elle-même aux yeux d'observateurs plus attentifs : je veux dire la vie dans sa juste mesure, dans son parfait équilibre avec l'ordre et la règle, la vie qui est, avant toutes choses, le critère auquel on peut reconnaître les œuvres des plus beaux temps de la Grèce! Aussi bien, si l'on veut comprendre et sentir vivement l'esprit qui animait les Hellènes, une seule chose est à faire, il faut comparer ensemble leurs œuvres littéraires et les marbres travaillés par eux qui ont survécu; alors, dans les créations des arts plastiques, on retrouvera les ouvrages des écrivains. Dans la Vénus de Milo, il nous semblera revoir Phryné apparaissant devant ses juges, belle et triomphante de sa beauté; comme aussi, dans cette longue suite d'éphèbes qui ornent la frise du Parthénon, nous reconnaîtrons ces jeunes gens dont M. Taine, après Platon, nous a tracé le charmant portrait, et qui, calmes et forts, nobles et modestes, semblent quitter à peine les leçons du maître de la sagesse dont l'éclat divin illumine encore leurs regards.

II.

Phidias, fils de Charmidès, naquit l'an 494 avant Jésus-Christ. « Il appartenait, dit G. Planche, à cette famille de génies excellents qui paraissent dans l'histoire à de rares intervalles ». Il faisait partie de cette génération vigoureuse élevée parmi les dangers des guerres médiques. Il cultiva d'abord la peinture à l'exemple de ses frères, Panœnos et Plistœnète; mais, comme plus tard Michel-Ange, dédaigna bientôt ce talent, et ne reprit qu'une fois ses pinceaux pour faire le portrait de l'Olympien, comme on appelait Périclès. Je m'assure cependant qu'à ce double don de l'artiste, la sculpture polychrôme dut gagner des raffinements délicats. Son éducation fut complète, il étudia la géométrie, l'optique, l'architecture. Un certain Hippias fut son maître, jusqu'au jour où il vint à Argos recevoir les leçons du Dorien Agéladas, célèbre alors pour ses œuvres, et sur lequel devait rejaillir depuis la gloire de ses disciples Phidias, Myron, Polyclète. C'est là que, dans ce génie unique, s'accomplit la fusion des deux tendances ionienne et dorienne. Ionien de naissance, et, à ce titre, amoureux de la fantaisie, de la couleur et de l'idéal, Phidias reçut une éducation dorienne, et se fortifia dans cette étude des muscles et des contours où brillait l'école d'Egine. Il put ainsi devenir le point culminant de ce long développement des écoles grecques; de telle sorte qu'après lui, l'art, immobilisé d'abord par les canons de Lysippe et de Polyclète, ne sut bientôt plus que descendre et dépérir.

Son premier ouvrage fut une Minerve Chryséléphantine pour Pellène, cité voisine d'Argos. Bientôt Athènes et Platées le chargent d'immortaliser leurs victoires: trophées menteurs en quelque sorte; car on a peine à concevoir comment les dépouilles de Marathon auraient pu suffire à tant de chefs-d'œuvre. Aussi bien Hérodote ne parle pas de ce fantastique butin, et il est fort improbable que, pendant vingt ans, il soit demeuré caché et comme inconnu, sans même qu'on y ait puisé pour reconstruire la ville d'Athènes, ruinée et brûlée deux fois par Mardonius et par Xerxès. Ce qui est plus vrai, c'est que Cimon, ayant pris le pouvoir et relevé la ville, inventa la dîme de Marathon, afin de célébrer à son aise, grâce à des trésors récemment acquis, la mémoire de Miltiade, son père.

L'énorme n'est pas toujours grand et beau. Il paraît pourtant que la Minerve Poliade, construite par Phidias, alors âgé de vingt ans, au sommet de l'Acropole, dont la lance et l'aigrette se voyaient depuis le cap Sunium, qui avait soixante-quinze pieds de hauteur, dont Mys, l'antique toreuticien, avait sculpté le bouclier d'après les dessins de Parrhasius; dont l'aspect terrible devait, si l'on en croit la légende, mettre un jour en fuite les hordes barbares d'Alaric; il paraît, dis-je, que cette masse sublime de bronze ravissait l'admiration. — La Minerve de Platées était en bois doré, les pieds, les mains et la tête seuls en marbre pentélique. Après ce travail ingrat, Phidias sculpta treize statues destinées à rappeler, dans le temple de Delphes, la mémoire de Marathon : Apollon, Minerve, Miltiade, et dix demi-dieux symbolisant les tribus d'Athènes, telles étaient les nouvelles images élevées par Cimon à la gloire de son père. Cimon, dont le nom a disparu devant celui de son rival Périclès, a énormément fait pour embellir sa patrie. Ces travaux annonçaient dignement les merveilles qui devaient suivre; il attirait auprès de lui les artistes; parmi eux, Polygnote, de Thasos, auquel sa sœur Elpinice ne refusa pas ses faveurs. Sa munificence, son goût pour les arts étaient extrêmes; et il ne tint pas à lui qu'il n'enlevât à Périclès sa plus belle gloire. La lutte entre eux fut longue; et, seize ans après la chute de Cimon, l'exil de son fidèle Thucydide laissa définitivement Périclès maître du terrain. — Pendant ce temps, le talent de Phidias, comme prévoyant la tâche qui l'attendait, achevait de se développer et de mûrir. Il s'engageait dans des voies nouvelles, étonnant les vieux maîtres, impuissants à l'imiter et à changer leur manière.— Quelques-uns, plus jeunes, tels qu'Agoracrite ou Alcamène, subissant tout à fait son ascendant, se mettaient à son école, et lui formaient un aussi brillant cortége que celui qui devait suivre un jour le fameux disciple des vieux Ombriens. Entre Raphaël et Phidias il y a, du reste, plus d'un rapport. Tous deux consacrèrent leur génie à rendre sensible une religion ; tous deux, tirant leur art des entraves hiératiques où il étouffait, lui donnèrent un champ plus vaste et le rendirent plus divin, par cela même qu'ils le rendaient plus humain.

Dès lors, les œuvres de Phidias n'avaient plus de proportions colossales, mais elles étaient empreintes de beautés et de perfections nouvelles. Bien des statues étaient sorties de ses mains, mais aucune n'égalait sa Minerve en bronze de Lemnos. Pausanias et Lucien nous rapportent qu'on l'appelait en Grèce « la belle Lemnienne », tant elle était admirée; et que, seule parmi ses statues, Phidias l'avait signée de son nom, comme devant être son chef-d'œuvre. Aussi bien que tant d'autres ouvrages de l'artiste, cette Minerve nous manque aujourd'hui ; avec eux, s'est perdue toute trace d'une évolution dont nous n'avons plus que les points extrêmes. Comment Phidias est-il passé de l'impersonnalité des Hermoglyphes, des Endéos, des Amphicrates, auxquels ne manquait aucune qualité pratique, mais la seule inspiration, aux figures vivantes du Parthénon? La réponse à cette question, nous la faisions tout à l'heure, en parlant de cette fusion des tendances dorienne et ionienne opérée en Phidias, et par laquelle s'unirent en lui, dans une synthèse harmonieuse, la simplicité sévère, la science pratique, la mâle grandeur d'une part, et de l'autre l'idéal, le mouvement, la délicatesse et la grâce.

Phidias avait cinquante ans, lorsque Périclès le chargea de diriger les travaux entrepris par ordre du peuple. Quel moment! un trio unique brille dans

Athènes ! Périclès, l'éloquence et la majesté ; Aspasie, la grâce et la beauté ; Phidias, l'artiste inspiré qui va les résumer tous deux dans ses œuvres. Dès lors, il est libre d'appliquer cet art qui, ainsi que l'a si bien dit M. Beulé, « part du vrai pour atteindre une vérité plus sublime ». C'est alors que l'artiste reprit l'érection du Parthénon. Ictinus et Callicrates, les deux architectes, lui étaient subordonnés : à ce prix seulement, on a pu donner au Parthénon cette unité parfaite qui en est le caractère. On voulait un temple vivant, dont les murs racontassent la gloire d'Athènes ; il fallait donc qu'un sculpteur imprimât à ce temple l'unité de pensée et d'exécution, de composition et de style, nécessaire à toute œuvre d'art, si l'on ne veut pas trouver en elle quelque chose de contraint et de forcé. C'est pourquoi, selon l'heureuse expression de Gustave Planche, « dociles à ses ordres, Ictinus et Callicrates préparèrent les tablettes où il devait écrire son poëme ».

Le Parthénon fut inauguré la IIe année de la LXXXVe olympiade, c'est-à-dire 438 ans avant Jésus-Christ. Quel beau jour ce dut être pour l'artiste que celui où l'œuvre entièrement conçue et dessinée par lui, avec ses lignes légèrement recourbées pour qu'elles fussent moins froides et plus naturelles, avec ses frontons, ses frises, tout couverts de sculptures, avec sa robe de couleurs brillantes et harmonieuses, fut livrée aux regards charmés ; où le colosse de la déesse, formé de plaques d'ivoire ajustées et taillées par des procédés que nous ignorons aujourd'hui, avec ses draperies d'or et ses yeux de pierres précieuses, fut donné à l'adoration des Athéniens ! Aux idoles grossières des anciens jours une image plus belle était substituée, toute resplendissante de l'intelligence divine. Grâce à ce reflet de l'infini, une religion plus pure, plus sereine devait entrer dans les mœurs; désormais la vérité n'était plus pour quelques adeptes, et les symboles épais sous lesquels la jalousie des prêtres la dérobait au vulgaire, laissaient passer jusqu'à lui quelques-uns de ses rayons les plus purs. C'est ainsi que l'art brisait les antiques règles, et cherchait noblement sa nouvelle voie. Pourtant Phidias aspirait à manifester aux hommes la divinité d'une manière plus visible encore et plus éclatante; l'idéal qu'il portait en lui ne lui semblait pas encore exprimé. Aussi n'hésita-t-il pas à quitter Athènes pour se rendre chez les Eléens, et y élever, au Jupiter d'Olympie, un colosse magnifique d'ivoire et d'or. Ses élèves, pendant ce temps, décoraient les frontons du temple, tandis que d'autres, sous la conduite d'Ictinus, travaillaient au sanctuaire de Phigalie. — Strabon, parlant du Jupiter Olympien, dit que Phidias est le seul qui ait vu les dieux. Phidias lui-même, interrogé où il avait pris son modèle, répondit un jour : « J'ai voulu traduire ce vers d'Homère : Il dit, et abaisse ses sourcils en signe d'approbation; la chevelure sacrée du dieu-roi s'agita sur sa tête immortelle, et le vaste Olympe en trembla ». — Le dieu était en ivoire et nu jusqu'à la ceinture, il siégeait sur un trône d'or, d'ivoire, de pierreries et d'ébène; sur ce trône, étaient représentés les grâces et les heures; le char du soleil, la naissance de Vénus, Diane et Niobé, Prométhée couvert de chaînes. La chaussure et le manteau du dieu étaient d'or, semés d'animaux et de fleurs. Sa main droite tenait une victoire Chrysoléphantine, sa gauche s'appuyait sur un sceptre surmonté d'un aigle; la sérénité, la clémence, l'intelligence suprême, et la suprême bonté se lisaient sur le front du père des dieux et des hommes. La seule vue d'un tel chef-d'œuvre inspirait une piété plus vive aux mortels. L'admiration des Eléens fut si grande, que les descendants de Phidias, établis en Elide, durent, sous le nom de Phaidrontes, veiller sur l'œuvre de leur aïeul, et que, dans son atelier soigneusement conservé, fut placé un autel consacré à tous les dieux.

Est-ce en Elide et parmi de tels honneurs que Phidias termina sa vie? ou bien, comme le dit Philochore, ces mêmes Eléens le firent-ils mourir? Pour moi, je préfère la version de Plutarque; c'est aussi celle que la tradition a consacrée. Phidias, après avoir terminé le colosse Olympien, revint à Athènes; c'était le moment où la fortune de Périclès commençait à baisser. Il est jeté en prison et accusé de trois crimes : le premier était d'avoir détourné une partie des trésors destinés à l'exécution de la Minerve : heureusement les pièces de la statue purent être démontées et pesées, et cette accusation au moins fut repoussée. Il en fut sans doute de même de la seconde : elle consistait à avoir débauché de jeunes Athéniennes pour les livrer ensuite aux passions de Périclès. Mais la troisième imputation était plus grave : Phidias fut accusé d'impiété pour avoir osé sculpter sa figure et celle de Périclès sur le bouclier de la déesse. Il mourut misérablement, empoisonné dans sa prison; et Socrate put, une dernière fois, s'instruire à l'exemple de celui qui avait donné si souvent une forme vivante à ses idées.

Avec Phidias fut brisée cette triple couronne que l'éloquence, l'art et la poésie ceignaient sur le front d'Athènes; le dictateur, pour raffermir son pouvoir ébranlé, commença dès lors à lancer sa patrie dans ces guerres longues et terribles où elle devait succomber : dès lors on put dire que Phidias était nécessaire à la paix, et pleurer sur les funérailles sanglantes que l'Olympien voulait lui faire.

Nous venons de nous étendre sur les œuvres de Phidias qui ne sont pas parvenues jusqu'à nous. Que n'y aurait-il pas à dire sur les sculptures du Parthénon dont le temps nous a conservé une partie? Gardons-nous pourtant d'imiter les savants qui, lorsque les marbres d'Elgin arrivèrent en Angleterre, en analysèrent les beautés. Ils firent assaut d'érudition; mais, dans ce déluge de paroles, il n'y eut pas une voix pour constater simplement que ces statues étaient belles; que l'essence même de toute beauté, je veux dire la vérité, éclatait en elles au plus haut degré. Il aurait fallu se placer en dehors de toute préoccupation de tradition ou d'école, pour rendre à Phidias cette suprême justice, seule digne de lui, qu'il avait mieux que tout autre travaillé à interpréter et à agrandir la nature. Pour Phidias, en effet, l'art était un moyen, et non pas un but; c'était la transformation naturelle, mais hardiment conçue et exécutée de la simple réalité. Il partait de la réalité et transformait son modèle en l'étudiant; il nous montrait par avance l'impuissance du réalisme, et la merveilleuse beauté de l'interprétation. Si l'on tient compte de la distance où devaient être vues ses sculptures, que de beautés n'y trouve-t-on pas: vérité, simplicité sereine des figures; ampleur, souplesse des draperies, majesté de leurs plis à contenter le plus difficile, élégance qui paraît plus abondante, si on la compare à la sécheresse des Eginètes, mais qui n'est que riche, si on l'envisage en elle-même. Ces draperies, en un mot, ne sont pas réelles, mais elles sont certainement vraies, parce qu'elles sont logiques. On peut à travers elles deviner tout ce qu'elles couvrent; c'est évidemment une exagération, mais qu'on ne saurait trop admirer.

Certes, ce n'est ni Onatas ni aucun autre Eginète qui aurait su mettre ainsi dans ses marbres cette étincelle sacrée; ce n'est pas eux qui, s'affranchissant des scrupules hiératiques, auraient su ainsi interpréter la nature. Il y a des instruments de diverses sortes, dans ce grand concert que forme sans cesse l'humanité, et parmi eux des lyres d'or, habiles à comprendre et à rendre dans son ensemble l'harmonie sublime dont les autres ne savent qu'indiquer quelques accords. Ce n'est point par préoccupation d'un vague idéal que ces grands artistes travaillent ainsi; ils rendent le monde tel qu'ils le voient; mais leurs sens plus perçants distinguent mieux les nuances de l'orchestre universel. Aussi bien, chacun a son caractère particulier, sa faculté maîtresse dirai-je, et fait sa partie distincte au milieu du chœur général.

C'est ainsi que Phidias reproduisit à merveille le caractère calme et serein de la fête qu'il voulait représenter. On y sent à chaque figure l'oubli des travaux ingrats, la douce liberté, le joyeux essor d'un repos réparateur. Tout y est léger, corps et âmes, jusqu'à la crinière redressée de ces sveltes coursiers qui, en retombant, eût risqué de les alourdir. Quelle grâce dans ces vierges et dans ces éphèbes; quelle mesure sans pareille, quel souffle dans tous ces théores! Ce n'est ni une extase ni un délire qui les possède; mais une auréole céleste entoure leurs têtes, une âme divine habite en eux; et, quand nous les regardons, attentifs, nous sentons je ne sais quelle flamme en jaillir, pour nous rendre plus forts et meilleurs.

III.

A mesure que j'avance dans cette étude, un remords s'empare de moi : Ne suis-je pas tombé dans le défaut signalé par le beau livre de M. Eugène Véron sur le progrès intellectuel de l'humanité? Ne suis-je pas de ceux qui éprouvent le besoin de tout expliquer par de profondes raisons, qui oublient que l'esthétique moderne, et toutes ses subtilités, bien que créées d'après les œuvres des anciens, n'étaient pas connues à ceux-ci ; et qui, perdant de vue l'extrême personnalité des statues grecques, leur donnent largement tout ce qui leur manque, grâce à notre admiration traditionnelle et à cette même impersonnalité. Certes, il est beau de préférer à la beauté de la chair prise isolément la vie qui éclate dans les magots de Van Ostade, et je mettrai toujours, au-dessus des beautés si opulentes et des carnations si riches de Rubens dans la galerie du Louvre, la moindre toile de Fra Angelico ou la plus petite Marguerite d'Ary Scheffer, malgré les erreurs de dessin dont elles fourmillent. Mais est-il vrai que les statues de Phidias ne soient belles que d'une beauté inférieure, que la beauté intellectuelle et morale leur fasse entièrement défaut, et que les âges modernes en aient seuls connu le secret? Je crois au contraire avoir démontré, dans les pages qui précèdent, combien Phidias avait délivré l'art des entraves sacrées qui l'écrasaient, combien il l'avait rendu plus humain. Dégageons-nous autant que possible de notre temps et de ses idées ; voyons, dans les sculptures du Parthénon, ce qu'elles sont en effet, l'œuvre du plus bel âge de la Grèce ; et demandons-nous s'il n'y a pas en elles toute la psychologie dont cet âge était susceptible. Ce qu'on a dit du Moïse de Michel-Ange : «C'est la pensée, mais la pensée agissante », ne peut-on pas le dire aussi de la frise des Panathénées ? La pensée n'est plus la même; mais c'est toujours une grande pensée mise au service d'une grande action. L'une et l'autre diffèrent profondément, comme le XVIe siècle en Italie diffère du siècle de Périclès, comme le nôtre diffère à son tour du XVIe siècle. C'est folie de vouloir, remontant la chaîne des temps, retrouver, dans le lointain des âges, l'idée qui fleurit aujourd'hui. Ne disons donc plus que Phidias n'a su faire que de belles formes sans vie, et que ses successeurs ont commencé les premiers à faire respirer le marbre. C'est lui au contraire qui, le premier, a réagi contre la raideur d'Onatas et des Eginètes, lesquels formaient de beaux corps surmontés de têtes insignifiantes et sans vie. C'est lui dont les générations suivantes ne surent que déformer les modèles, sous prétexte de les rendre plus parfaits. Il avait trouvé cette forme qui s'harmonisait à merveille avec la pensée de son temps. Il lui arriva comme à Michel-Ange : celui-là aussi avait fondu, dans une synthèse puissante, les tendances de son époque; son œuvre fut gâtée par des disciples ignorants. C'est la destinée marquée d'avance aux progrès de l'art comme à ceux de toutes les autres formes de la pensée humaine. Dès qu'un homme paraît, qui formule par un travail complet, quel qu'il soit, la croyance et les idées de son temps, son œuvre est immédiatement dépassée; et le troupeau humain poursuit sa marche vers une autre étape, qu'il n'arrivera peut-être pas à marquer par un semblable et aussi parfait monument.

Phidias a senti et connu toutes les vérités de son art; il les a exprimées comme un contemporain de Périclès pouvait le faire : de là vient que bien des gens ne savent pas le comprendre. Le XVIe siècle, si voisin de nous, est aussi pourtant lettre close pour beaucoup. Mais ceux dont les yeux savent s'ouvrir devant les manifestations d'une pensée vraiment belle, ceux qui savent élargir le cercle de leur esprit par la science et l'étude, je les défie de demeurer insensibles devant les œuvres du fils de Charmidès. Mais il y a plus, et c'est là que se trouve la supériorité vraiment grande de Phidias, aussi bien que celle de Michel-Ange : il y a, dans leurs œuvres, un je ne sais quoi qui doit saisir et transporter, j'en ai vu plus d'un exemple, toute personne même ignorante des grands principes dont nous parlions tout à l'heure. Il semble que, par une inspiration prophétique, ces grands génies aient connu l'exemplaire unique et éternel du beau, dont les génies inférieurs ne perçoivent que des émanations partielles. C'est pourquoi leurs œuvres, quoi qu'on en ait, conservent le privilége d'être la source pure où les générations suivantes, plus fortes en psychologie (c'est peut-être vrai), mais à coup sûr moins habiles à manifester l'union parfaite de l'âme et du corps, viennent à l'envi se désaltérer !

Phidias est certainement du petit nombre de ceux qui sentent que le devoir des artistes est d'éveiller dans les âmes un souvenir de leur origine céleste, et de les purifier par le spectacle de la beauté. Il sait que, dans un portrait, doit se retrouver non une ressemblance méprisable, mais l'empreinte d'un caractère ; il porte haut cet art qui seul voit la matière s'animer dans ses mains, et, non content de produire je ne sais quelle illusion vaine comme la peinture, il sait véritablement donner un corps aux idées, nouveau Prométhée qui engendre un homme nouveau. Grâce à lui, devient visible à la foule, dégagé des mystères dont le style hiératique se plaisait à l'envelopper, ce Dieu unique qui créa le monde et le remplit. Son âme sait ouvrir les ailes et atteindre le beau sans effort. Elle sait aussi, dépouillant de tous ses voiles l'intelligence divine, la manifester aux mortels.

Les œuvres de Phidias qui nous restent nous permettent de croire qu'il n'a jamais perdu de vue cette pensée, qui est comme la base et le fondement de la méthode et de l'art : « Le calme est la première beauté du corps, de même que la sagesse est la plus haute expression de l'âme ».

Ce que je vais dire ressemble fort à un paradoxe, c'est pourtant l'exacte expression de ma pensée : Michel-Ange, statuaire, n'a-t-il pas été, par dessus tout, préoccupé de cette vérité? Si nous considérons le *Penseur* et le *Julien de Médicis*, la *Pietà* de Saint-Pierre, le *Moïse* même, l'inimitable chef-d'œuvre devant lequel mon admiration ne saurait tarir, que trouvons-nous, sinon la sagesse et le calme? non le calme banal et sans force de ceux dont la vie s'est écoulée sans déchirement et sans crise, mais le calme après la tempête, le calme des grandes eaux de l'Océan, sous lesquelles s'élaborent les vagues terribles et les sinistres ouragans.

Gustave Planche disait, avec une véritable éloquence, de cette merveilleuse statue : « Il est vieux, et la neige de sa chevelure laisse déjà soulever au vent ses flocons éclaircis ; mais comment a-t-il vieilli? a-t-il connu des années plus jeunes et moins sages? les rides qui se lisent à son front sont-elles demeurées après les épreuves tumultueuses, comme le limon et le gravier après les flots fangueux ? a-t-il vécu avant de savoir ? n'est-il pas sorti des mains de Dieu plein de sagesse et d'années » ?

C'est sur ces pensées de sagesse et de beauté si harmonieusement unies que je veux finir cette étude, où tant d'idées si peu sages se sont trouvées réunies un peu au hasard. Je veux finir en répétant cet éloge que jadis Cicéron prononça de Phidias :

Menti insidebat idea pulchritudinis.

Nimes, typ Clavel-Ballivet et Ce, rue Pradier, 12.

www.ingramcontent.com/pod-product-compliance
Lightning Source LLC
LaVergne TN
LVHW052034160826
845678LV00003B/1338

* 9 7 8 2 3 2 9 6 3 0 1 8 2 *